westermann

AF204172

Buchstabenheft 3
Schulausgangsschrift

Erarbeitet von

Miriam Jacobs

Insa Scheller

Caroline Tautz

in Zusammenarbeit mit der
Westermann-Grundschulredaktion

Unter Beratung von

Dominique Bielau

Christiane Kalenbach

Nadine Pistor

Bettina Sievert

Prof. Dr. Anja Wildemann

Illustriert von

Anke am Berg und Antje Hagemann

Flex und Flora
Deutsch

1

Inhaltsverzeichnis

B7

B8

B9

B10

G g

1

2

Gabriel hatte gestern Geburtstag.
Er hat eine gelbe Geige bekommen.

3

G   G

g   g

Geld

gehen

4

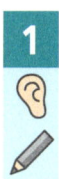

1

G

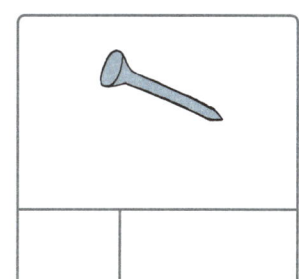

2

 *Fotograf*

geben

gehen

Regenwurm

Fotograf

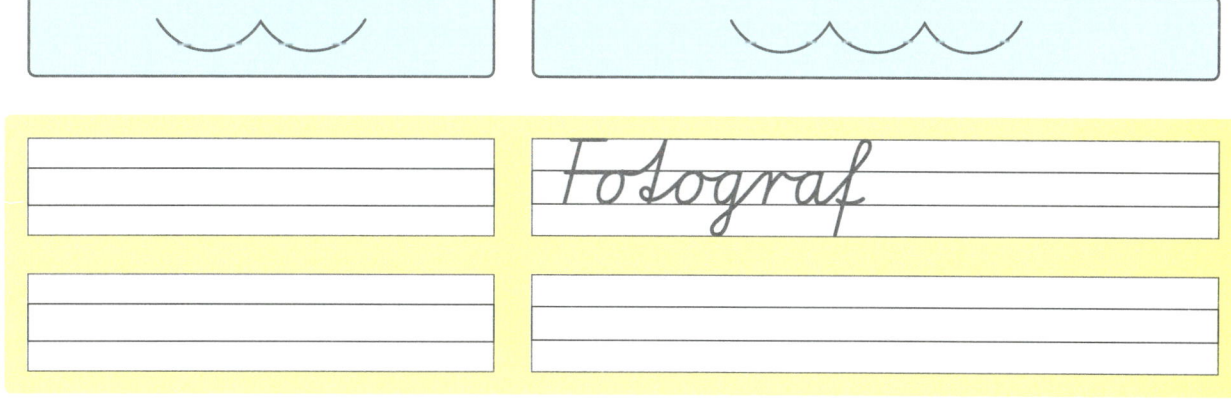

3

G g

1

- [ ] Regal
- [ ] Regel
- [ ] Regen

- [ ] Garten
- [ ] Gurke
- [ ] Giraffe

- [ ] Kindergarten
- [ ] Wintergarten
- [ ] Kinderwagen

- [ ] gelb
- [ ] grau
- [ ] blau

2

- [ ] Auf dem Regal ist Hagel.
- [ ] Auf dem Regal ist ein Nagel.
- [ ] Auf dem Regal ist eine Gabel.

- [ ] Geros Regenmantel ist gelb.
- [ ] Geros Regenschirm ist gelb.
- [ ] Geros Regenwurm ist gelb.

 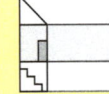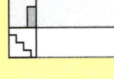

1

Ein rotes Boot segelt auf dem Wasser.
Es hat blaue Segel.
Drei graue Wolken sind am Himmel.

2 Wer mag was?

Greta mag Gurken.
Emil mag Regen und Gewitter.
Bilge mag Blumen und Eis.
Lotta mag Giraffen und Igel.

3 Was mag Emil?

☐ Emil mag Blumen und Eis.

☐ Emil mag Regen und Gewitter.

4 Was magst du?

Unterschrift Partnerkind

Z z

1

ZZZZ

2

Der Zirkus Zaranzi ist da.
Alle wollen zu Zauberer Zoran.

3

Z z   Z z

Zoo

Zimmer

zwei

4

Z/z motorisch erfassen, visuell diskriminieren und schreiben
Wörter mit Z/z schreiben

2 ◯◯ ▯   Sätze lesen und abschreiben   Fö 136, 143

1

 |  |  |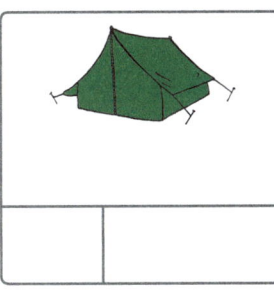

Z | | |

 |  |  |

2

 Zweige   Brezel

Zitrone   Zauberer

Zweige

3

Z z

1

Das Zelt ist blau.

Eine Zitrone ist gelb.

Am Zaun klebt ein Zettel.

Im Korb sind braune Pilze.

2

☐ Zwei Zauberer zaubern auf einem Berg.

☐ Zwei Zwerge zappeln auf einem Baum.

☐ Zwei Zebras fressen unter einem Baum.

Z/z lesen (Sätze) und schreiben

KV 71

1

Der Zirkus

Zirkus Zaranzi ist da.

Zwei Affen tanzen auf einem Seil.
Zauberer Zoran zaubert
einen schwarzen Hasen aus dem Hut.
Zwei Frauen turnen am Trapez.

Am Ende klatschen alle laut.
Das war ein tolles Programm.

2

Was zaubert Zauberer Zoran?

- [ ] Zoran zaubert eine blaue Hose.

- [ ] Zoran zaubert einen schwarzen Hasen.

- [ ] Zoran zaubert einen braunen Hasen.

3

Wer turnt am Trapez?

4

Was kennst du aus dem Zirkus?

_____
Unterschrift Partnerkind

1

2

Neun Eulen heulen in der Scheune.
Im Heu liegt eine Kuh mit vollem Euter.

3

Eu — — — — — — — — — — — — — — *Eu*

eu — — — — — — — — — — — — — — *eu*

neu — — — — — — — — — — — — — *neu*

Freunde — — — — — — — — — — — —

4

— — — — — — — — — — — — — — — — — —

Eu/eu motorisch erfassen, visuell diskriminieren und schreiben
Wörter mit Eu/eu schreiben

 Sätze lesen und abschreiben

Fö 137, 144

1

| | eu | | |

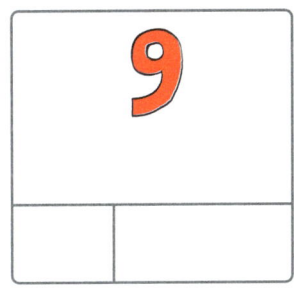   

2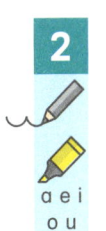
a e i
o u

Freunde   Europa   neun

Eule   Heu   Freude

Leute   Euro   Beule

Leute → heute

3 👓✏️

Heu

n

Feuer

1

Eu/eu und Silben auditiv analysieren
Reimwörter bilden
✏️ Wörter schreiben

KV 73
Fö 147-149

126-127   **13**

Eu eu

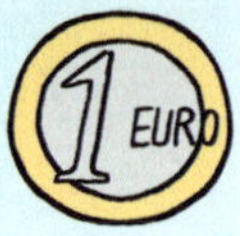

1

- ☐ Freunde
- ☐ Feuer
- ☐ Freude

- ☐ Euro
- ☐ Eule
- ☐ Euter

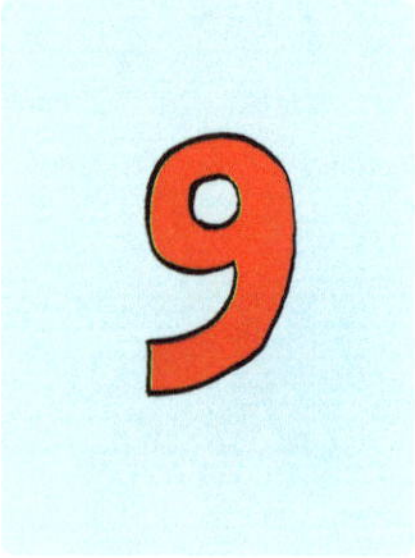

9
- ☐ neu
- ☐ neun
- ☐ nein

- ☐ Leute
- ☐ Beute
- ☐ Beule

2

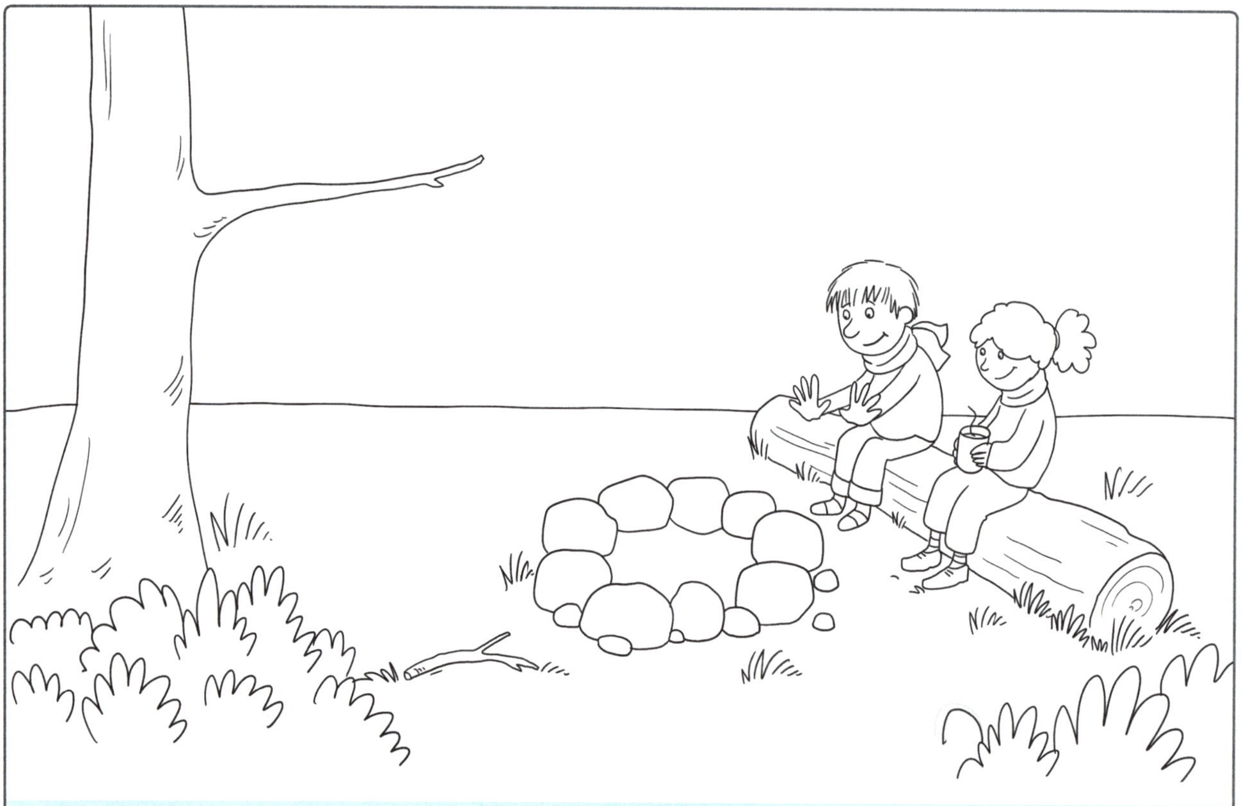

Zwei Kinder sind am Feuer.
Ein Flugzeug ist am Himmel.
Eine Eule schaut aus dem Baum herunter.

1

Meine Freundin/mein Freund

Name: *Eugen* _____

Alter: *7* _____

Augenfarbe: *braun* _____

Haarfarbe: *schwarz Heu* _____

Das tun wir gern:

Wir klettern gern im Heu. _____

Daher kennen wir uns:

Wir kennen uns aus der Eulenklasse. _____

2

Meine Freundin/mein Freund

Name: _____

Alter: _____

Augenfarbe: _____

Haarfarbe: _____

Das tun wir gern:

_____

Daher kennen wir uns:

_____

1

ch in Buch

ch in Milch

2

Achmet kocht sich einen Pudding.
Er braucht noch etwas Milch.

3

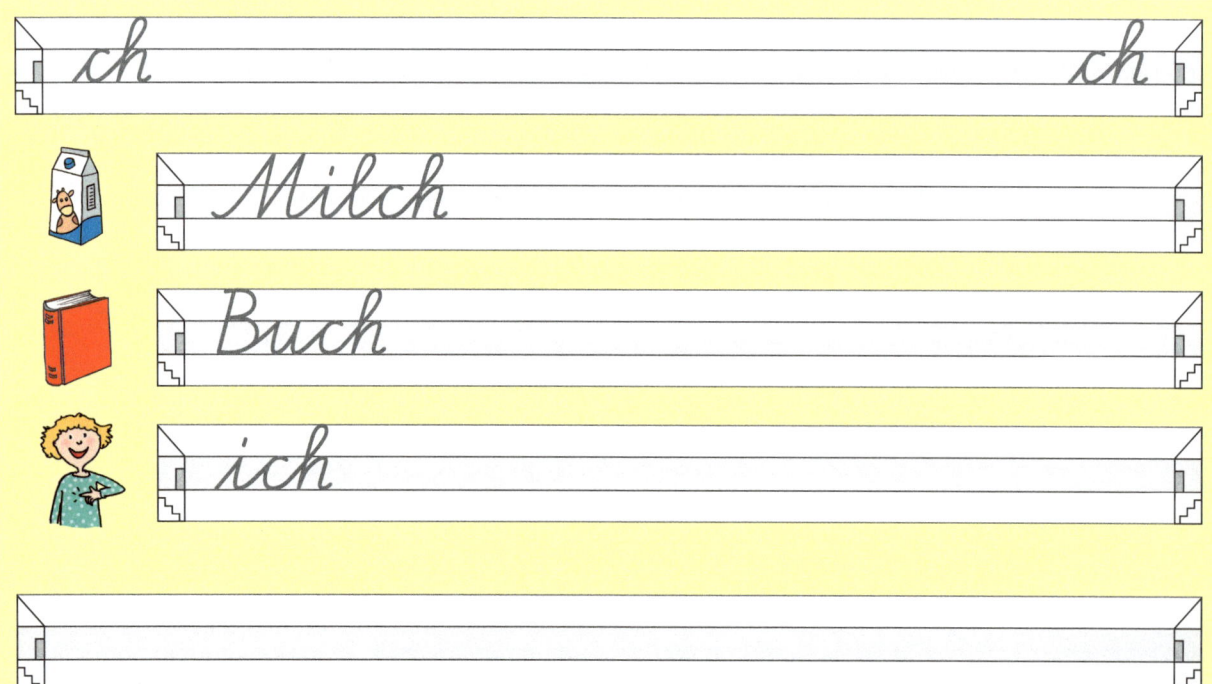

ch   ch

Milch

Buch

ich

4

ch motorisch erfassen, visuell diskriminieren und schreiben
Wörter mit ch schreiben

Sätze lesen und abschreiben   Fö 138, 145

1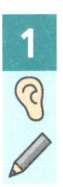

| | *ch* |

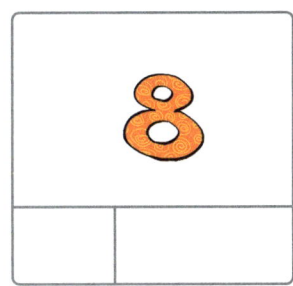

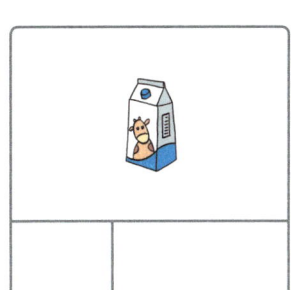

2

 Bau**ch**

 lachen

 Elch

 Becher

 Teich

 kochen

ch kann
rau klingen wie
in Buch

ch kann
weich klingen
wie in Milch

ch in Milch	ch in Buch
Elch	

ch auditiv analysieren
Wörter mit unterschiedlicher lautlicher Realisierung des ch schreiben
1 Wörter schreiben

KV 75
Fö 150

130-131   **17**

 ch

Datum: _____

1

Sofa

Auf dem ~~brauchen~~ Teich schwimmen drei Enten.

Achim und seine Mutter munter kochen Milchreis.

Peinlich eine Prinzessin reitet auf einem Drachen.

Ich mag Erdbeerkuchen Gabel mit Sahne.

2

In der Nacht scheint der Mond.
Eine Fledermaus flattert im Licht der Laterne.

3

Lea und Lilli kochen zusammen.

Lea und Lilli lachen zusammen.

Lea und Lilli suchen zusammen.

ch lesen (Sätze und Text) und schreiben

1 Drachen-Buch-Tipps

①

②

○ Fibi ist eine echte Prinzessin.
Fibi will aber nicht Prinzessin sein.
Eines Tages macht sich Prinzessin Fibi
auf den Weg zu einem Drachen.

○ Philipp kann es kaum glauben.
Aus seinem Buch kommen
ein netter Mondscheindrache
und ein furchtbarer Ritter.
Beide rasen durch sein Zimmer.
Auf einmal wird Philipp ganz klein.

2 Was ist Fibi?

☐ Fibi ist eine Prinzessin.   ☐ Fibi ist eine Pilotin.

3 Was kommt aus Philipps Buch?

☐ Aus Philipps Buch kommt ein Sonnenscheindrache.

☐ Aus Philipps Buch kommt ein Mondscheindrache.

1

2

Die Riesen liegen auf der Wiese.
Sieben Fliegen fliegen um sie herum.

3

| ie | ie |

die Biene

fliegen

sieben

4

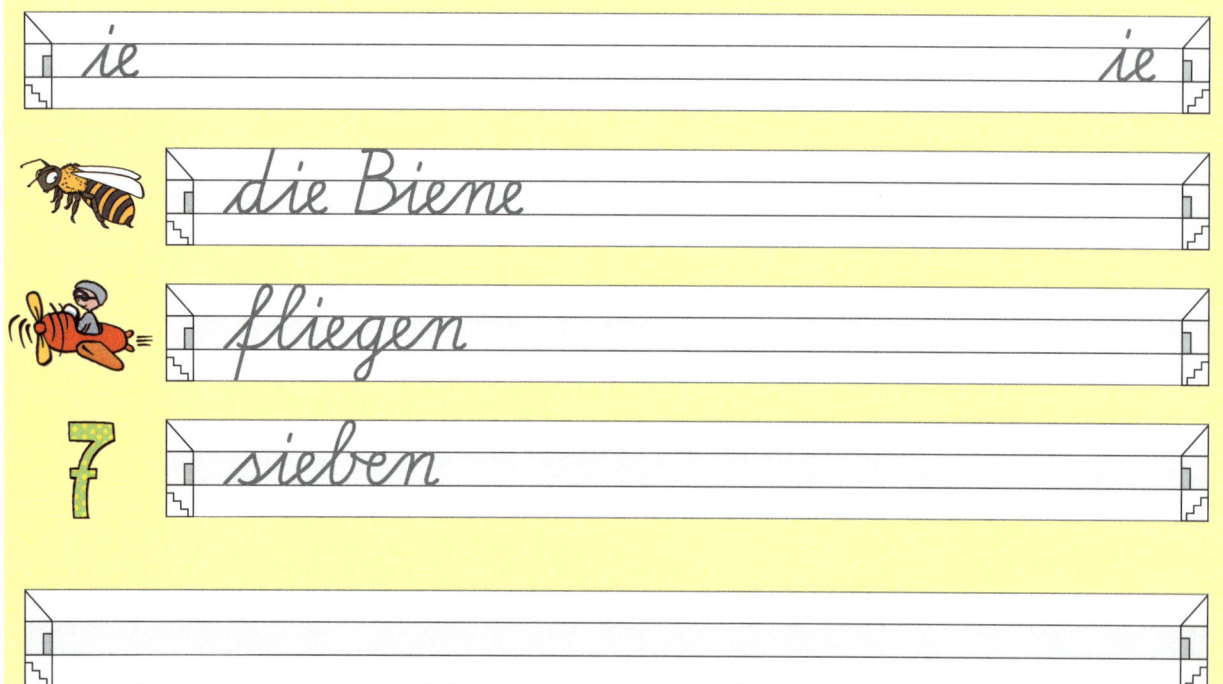

ie motorisch erfassen, visuell diskriminieren und schreiben
Wörter mit ie schreiben

Sätze lesen und abschreiben

Fö 139 – 141, 146

1

der **Liebesbrief**   der Riese

die Wiese   die Fliege

das Liederbuch

der Bienenkorb

Hörst du am Ende der Silbe ein langes i, dann schreibst du meistens **ie**.

der Liebesbrief

2

schief → Brief

Wiese

Fliege

 *ie*

1 ✏️

 der Diener    die Zwiebel

 das Lied    der Brief

 das Riesenrad

 die Ziege

Vor Nomen
können Artikel stehen:
der   die   das

der	Diener	
die		
das		

2 👓 ☒✏️ ✏️

- [ ] Der Riese liegt auf einer Wiese.
- [ ] Die Ziege liegt auf einer Wiese.
- [ ] Die Ziege liest einen Brief.

1 Die Kinder der 1a haben Briefe geschrieben.

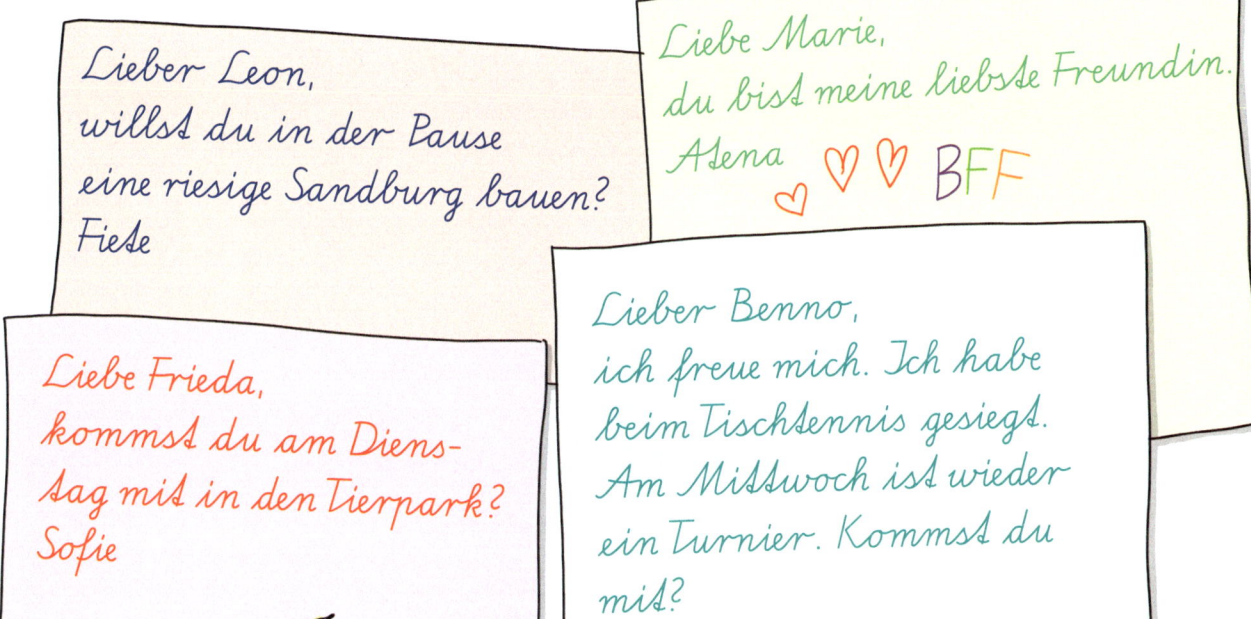

Lieber Leon,
willst du in der Pause
eine riesige Sandburg bauen?
Fiete

Liebe Marie,
du bist meine liebste Freundin.
Alena ♡ ♡ ♡ BFF

Liebe Frieda,
kommst du am Diens-
tag mit in den Tierpark?
Sofie

Lieber Benno,
ich freue mich. Ich habe
beim Tischtennis gesiegt.
Am Mittwoch ist wieder
ein Turnier. Kommst du
mit?
Amelie

2 An wen willst du schreiben?

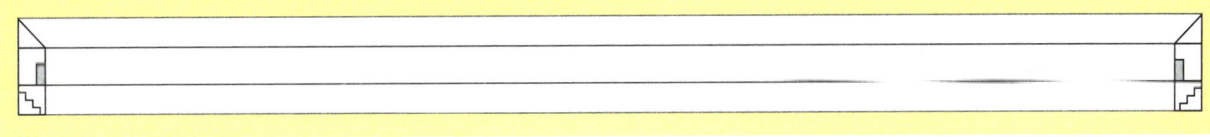

3  Schreibe einen Brief.

ie lesen (Texte) und schreiben
Briefe lesen und verfassen
Fo 30–35
B7
23

Sp sp 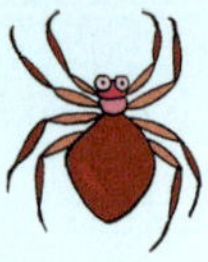

Datum: ______________

1

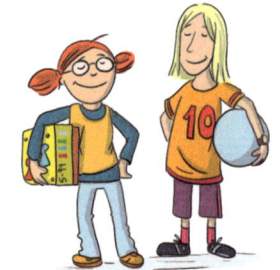

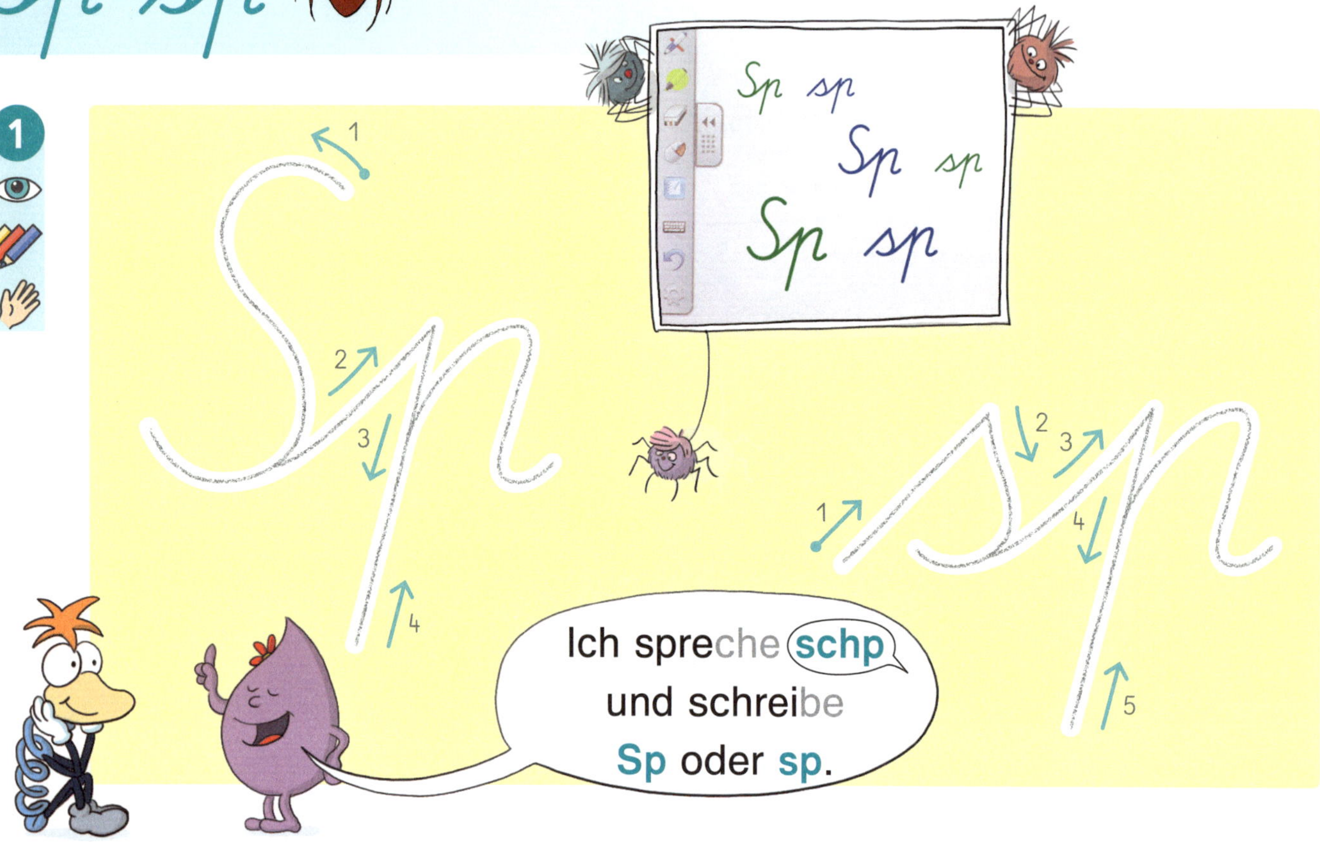

Sp sp
Sp sp
Sp sp
Sp
sp
Ich spreche schp
und schreibe
Sp oder sp.

2

Rieke spielt gern spannende Spiele.
Anna mag lieber Sport.

3

Sp Sp

sp sp

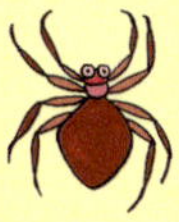

 die Spinne

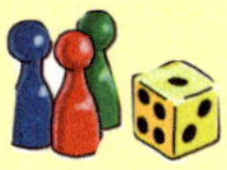

 spielen

4

138

Sp/sp motorisch erfassen, visuell diskriminieren und schreiben
Wörter mit Sp/sp schreiben
2 Sätze lesen und abschreiben

KV 80-81
Fö 157, 169

1

Ich spreche **scht**
und schreibe
St oder **st**.

2

Stefan und Steffi starren die Sterne an.
Beide staunen über die Sternschnuppen.

3

St   St

st   st

der Stift

stehen

4

St/st motorisch erfassen, visuell diskriminieren und schreiben
Wörter mit St/st schreiben

 Sätze lesen und abschreiben

KV 82
Fö 159, 170

139   **25**

 **Sp sp**  **St st**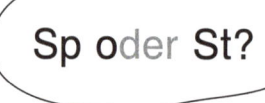

 Datum: _____

1

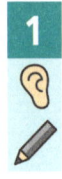

 _ernschnuppe_

Sp oder St?

ort

 _inne_  _aubsauger_

iefel  _orch_

iegel  _ift_

ein _aten_

2

Am Himmel stehen funkelnde Stall Sterne.

Ich beobachte fliegen einen Specht.

Auf dem Stein riesig krabbelt eine Spinne.

Meine Lehrerin stempelt mein Heft kochen.

Sp und St auditiv analysieren
Sp/sp und St/st lesen (Wörter und Sätze)

KV 83
Fö 158, 160
Fo 36

1

☐ Mama und Opa gehen spazieren.

☐ Mama und Opa sprechen mit Steffi.

☐ Mama und Opa spielen Spiele.

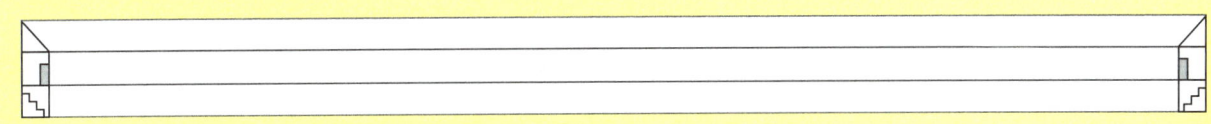

2

Der Stall hat ein rotes Dach.

Die Leiter hat sieben Sprossen.

Unter einem Stapel Holz ist eine schwarze Spinne.

Neben dem Stall liegen zwei schwarze Steine.

Das Stachelschwein hat braune Stacheln.

J j

1

2

Jan und Katja spielen mit dem Jo-Jo.
Maja macht lieber jeden Tag Judo.

3

J   J

j   j

der Juli

jeder

4

 142

J/j motorisch erfassen, visuell diskriminieren und schreiben
Wörter mit J/j schreiben

2 ○○ ▣ Sätze lesen und abschreiben

1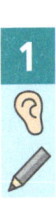

J

  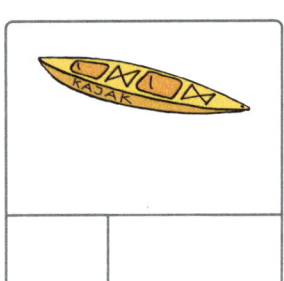 

2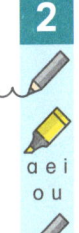

a e i
o u

der
die
das

der **Januar**    *der* **Juni**

das **Jo-Jo**   *die* **Juwelen**

der Januar

3

J j

1 Ja oder nein?

	ja	nein
Ist Jupiter ein Planet?	☐	☐
Kann ein Jaguar bellen?	☐	☐
Sind Juni und Juli Monate?	☐	☐
Ist Japan ein Land?	☐	☐
Kann ein Jo-Jo jaulen?	☐	☐
Schneit es im Sommer jeden Tag?	☐	☐

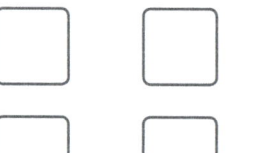

2

Der Dieb hat ~~Monat~~ Juwelen gestohlen.

Katja jagt heute hinter jedes Jan her.

Jana spielt mit ihrem einkaufen neuen Jo-Jo.

Ich liebe Jogurt mit Blaubeeren offen.

3

☐ In Japan schleicht Jan durch den Wald.

☐ Der Januar schleicht durch den Wald.

☐ Der Jaguar schleicht durch den Wald.

145

J/j lesen (Sätze) und schreiben

KV 86-87

1

Jonas ist neu

Jonas ist sieben Jahre alt.
Er ist im Januar mit seinen Eltern nach Jaburg gezogen.
Am Montag wird er in seine neue Schule gehen.
Ob jemand sein Freund sein will?

In der Klasse schauen alle Kinder Jonas an.
Erst sagt kein Kind etwas. Es ist ganz still.
Auf einmal rufen zwei Kinder am Fenster:
„Komm zu uns! Allein sein ist doof!"
Jonas freut sich.
Die Kinder sind ja wirklich nett!

2

Wann ist Jonas umgezogen?

☐ Jonas ist im Januar umgezogen.

☐ Jonas ist im Juni umgezogen.

3

Wann wird Jonas in seine neue Schule gehen?

4

Wie geht es dir,
wenn du irgendwo neu bist?

_____
Unterschrift Partnerkind

$\mathcal{V}\,v$

1

2 Ein Vogel landet auf dem Klavier.
Vorsicht, die wertvolle Vase kippt gleich um!

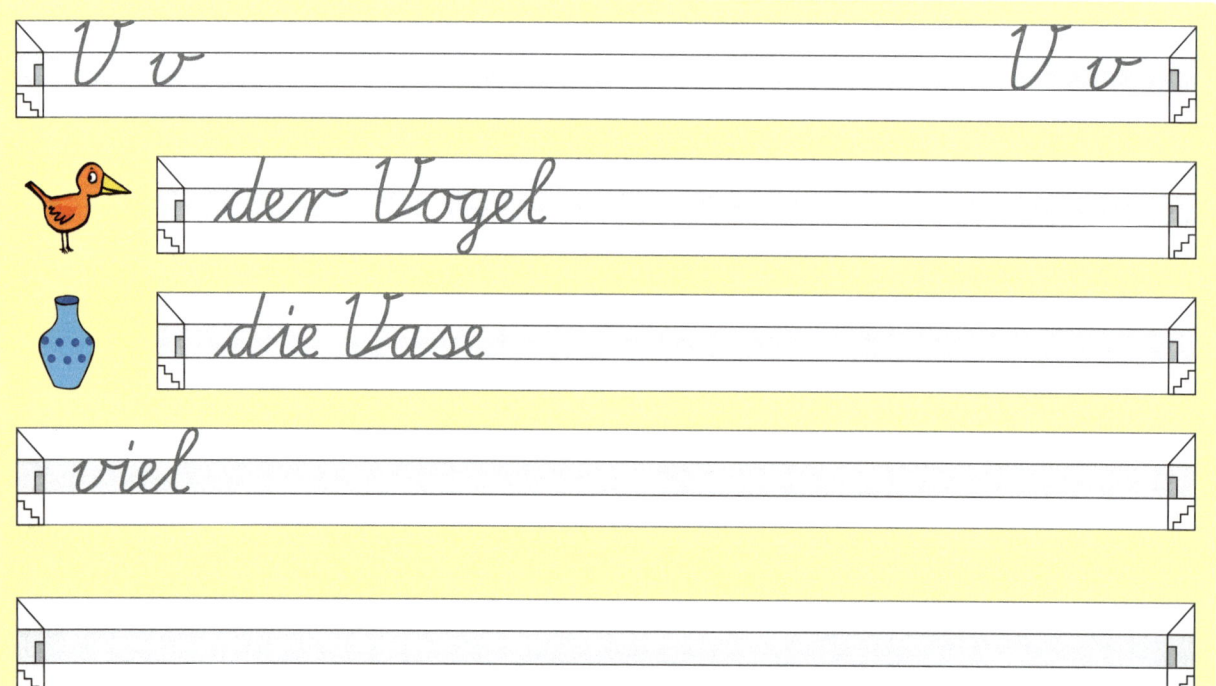

3

$\mathcal{V}\,v$ .... $\mathcal{V}\,v$

der Vogel

die Vase

viel

4

V/v motorisch erfassen, visuell diskriminieren und schreiben
Wörter mit V/v schreiben

Sätze lesen und abschreiben   Fö 162, 171

der
die
das

V kann wie **F** klingen:
Vogel

V kann wie **W** klingen:
Vase

das **V**ogelhaus

der **V**ampir

4 vier

der **V**erband

das **K**lavier

der **P**ullover

der **V**ater

der **V**ulkan

V v wie in Vogel

V v wie in Vase

das Vogelhaus

Vv

1

- [ ] eine Burg
- [×] viele Burgen

viel Burgen

- [ ] ein Dieb
- [ ] viele Diebe

- [ ] ein Kind
- [ ] viele Kinder

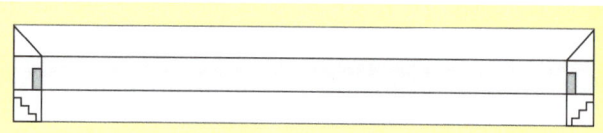

2

Mein Vater hat mir das Buch *Der kleine Vampir* vorgelesen.

Ich will im Internet Informationen zu Vampiren suchen.

Zum Geburtstag habe ich das Spiel *Die Villa der Vampire* bekommen.

V/v lesen (Wörter und Sätze) und schreiben
Ein Thema in verschiedenen Medien kennenlernen

KV 89

1

Die Vampir-Villa

Eva und Tom lieben Vampirgeschichten.
Eines Nachts im November will Eva beweisen,
dass es Vampire wirklich gibt.

Bei Vollmond trifft sie sich mit Tom
an der alten Vampir-Villa.
Das Tor ist offen.
In der Villa machen die Kinder
die Taschenlampen an.
Sie leuchten hinter ein altes Klavier.
Sie leuchten in jeden Raum.

Auf einmal sehen sie einen Schatten.
Eva und Tom folgen dem Schatten
bis zu einer Treppe.
Sie schleichen mutig die Treppe hinunter.
„Vorsicht, Tom!", ruft Eva.

2

Was sehen Eva und Tom in der Villa?

☐ Eva und Tom sehen einen Vogel.

☐ Eva und Tom sehen einen Schatten.

3

Was passiert in der Geschichte?

4

Was ist wohl unten an der Treppe?

_____

Unterschrift Partnerkind

1

2

Der schöne König hat zwölf Löffel.
Er öffnet Ölsardinen mit seinem Öffner.

3

Ö ö   Ö ö

der Löffel

12   zwölf

schön

4

Ö/ö motorisch erfassen, visuell diskriminieren und schreiben
Wörter mit Ö/ö schreiben

2 Sätze lesen und abschreiben   Fö 163, 172

1

| | ö | | |

2

a e i
o u

der
die
das

die *Flöte*   das *Löwenmaul*   die *Königin*

der *Körper*   die *Möwe*   der *Flötenton*

die Flöte

3

stören → hören

Möwe   Kröte

Ü ü

1

2

Über dem Tümpel sitzen fünf Frösche.
Abends hüpfen sie müde zum Wasser.

3

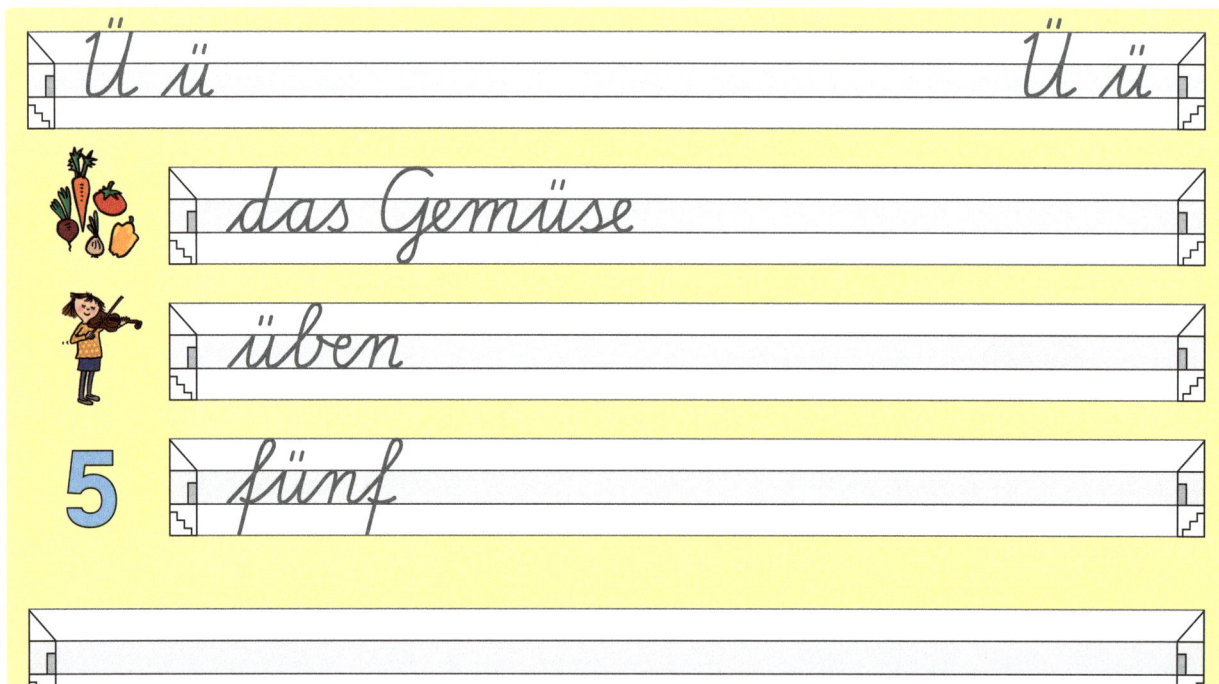

Ü ü   Ü ü

das Gemüse

üben

5   fünf

4

38   152

Ü/ü motorisch erfassen, visuell diskriminieren und schreiben
Wörter mit Ü/ü schreiben
Sätze lesen und abschreiben   Fö 164, 167, 173

1

a e i o u

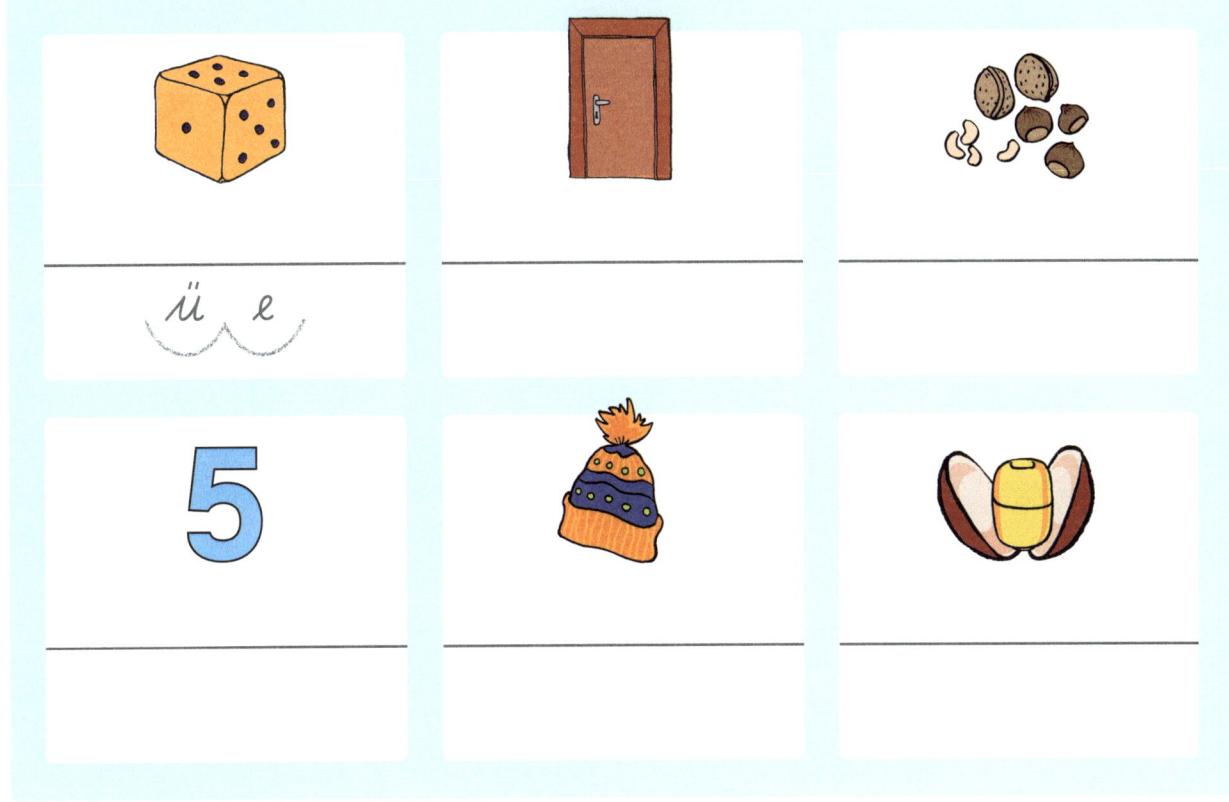

ü e

5

2

a e i
o u

der
die
das

die **Schülerin**   die Tüse   die Bücher

der Flügel   das Würfelspiel   das Gemüse

die Schülerin

1

2

Bären laufen durch Wälder und Täler.
Sie fischen in Bächen und fressen Äpfel.

3

Ä ä   Ä ä

Aus A a wird Ä ä.

4

 ein Ast       viele Äste

 ein Ball      viele

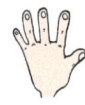 eine Hand   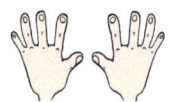   viele

Ä/ä motorisch erfassen, visuell diskriminieren und ableiten
Sätze lesen und abschreiben

KV 95 - 96
Fö 165, 174

Datum: _____

 1

 2

 Läuse träumen auf grünen Zäunen.
Mäuse träumen hinter hohen Bäumen.

3

 *äu*   *äu*

 Aus au wird äu.

 **4**

 *ein Baum*  *viele Bäume*

  *ein Haus*  *viele*

 *eine Maus*  *viele*

äu motorisch erfassen, visuell diskriminieren und ableiten

Sätze lesen und abschreiben

KV 97-98
Fö 166, 175, 180-181
Fo 39-40

158-160   **41**

Ö Ü Ä äu

1

☐ die Ärmel

☐ die Äste

☐ die Ärzte

☐ die Bäuche

☐ die Bären

☐ die Bälle

☐ der Körper

☐ der König

☐ der Käse

☐ die Türen

☐ die Tüten

☐ die Türme

2

Die Büsche sind grün. Die Blüten sind gelb.
Fünf Käfer mit kleinen Flügeln krabbeln im Gras.

3

☐ Das Mädchen ist sehr müde.

☐ Das Mädchen isst gern Gemüse.

☐ Das Mädchen liest gern Bücher.

1 **Bäume**

Im Winter sind keine Blätter an den Bäumen.
Die Äste der Bäume sind ganz leer.

Im März kann man überall an den Ästen
kleine grüne Blätter sehen.
Im April öffnen sich viele bunte Blüten. Das ist schön.

Im Sommer tragen die Bäume und Sträucher
erste Früchte. Viele Blumen blühen.

Im Herbst sind die Birnen reif.
An den Bäumen färben sich die Blätter bunt.

2 Was kann man im März sehen?

☐ Im März kann man kleine bunte Blätter sehen.

☐ Im März kann man kleine grüne Blätter sehen.

3 Wie sehen die Bäume
im Herbst aus?
Male.

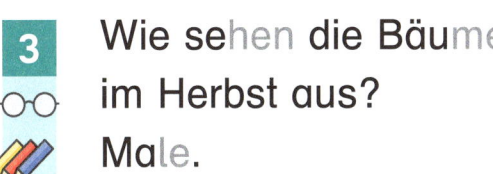

Pf pf

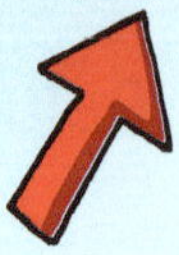

Datum: ____________

1

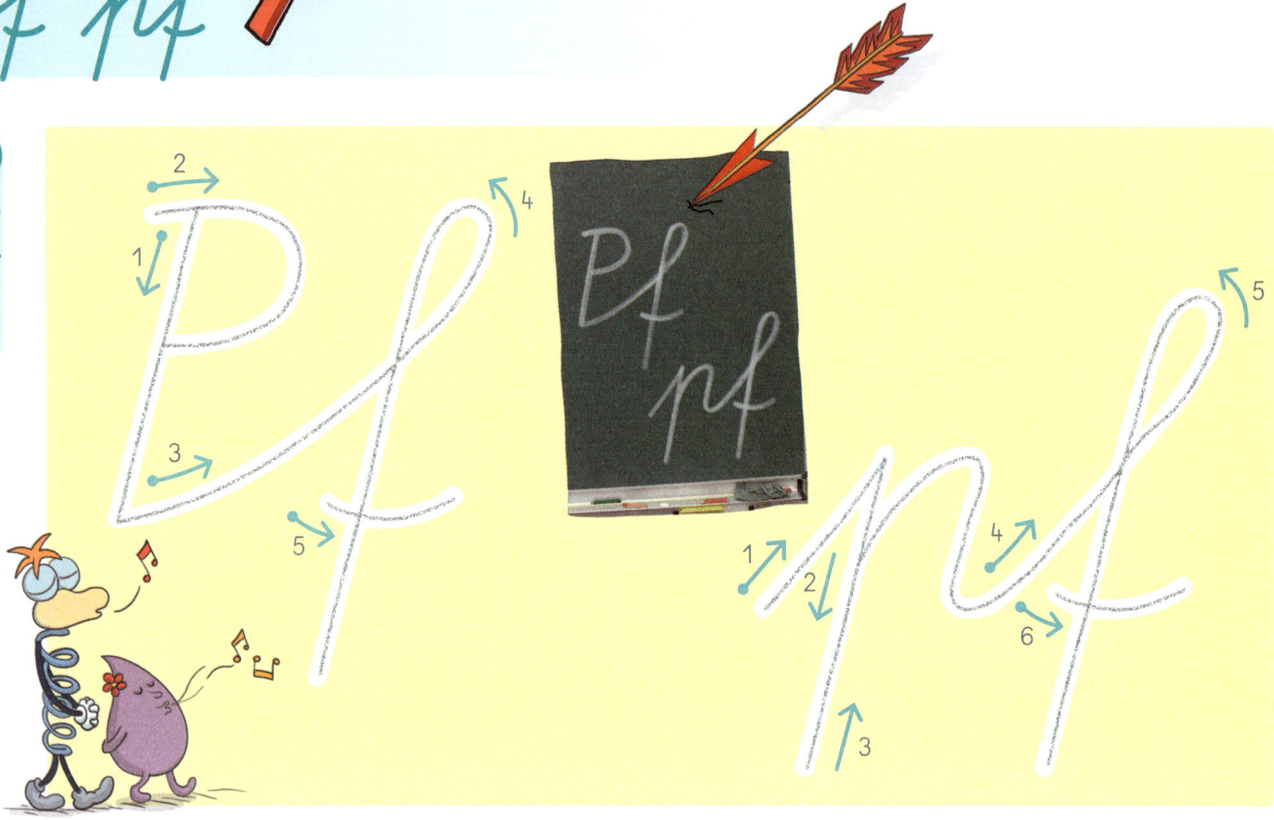

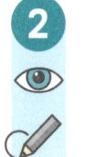

2

Die pfiffige Janne macht Pfannkuchen.
Dazu gibt es Äpfel und Pflaumen.

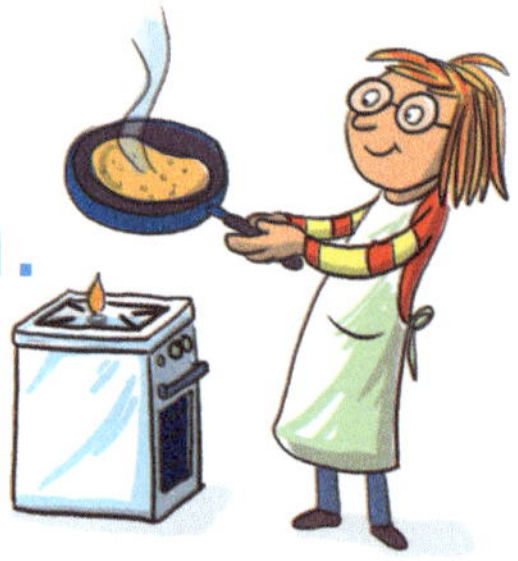

3

Pf Pf

pf pf

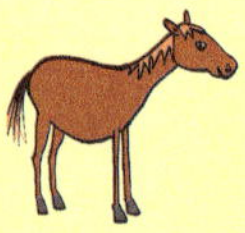

das Pferd

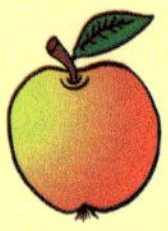

der Apfel

4

161

Pf/pf motorisch erfassen, visuell diskriminieren und schreiben
Wörter mit Pf/pf schreiben
2 Sätze lesen und abschreiben

Fö 185, 192

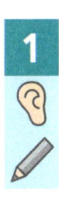

   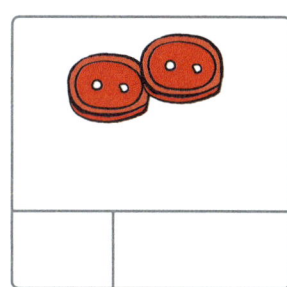

Pf

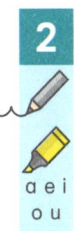

die **Pflanze**

das Pflaster   der Pferdestall   der Pflaumenbaum

die Pflanze

Pferd → Herd

Pfanne   Kopf

Pf pf

1

Heute komisch spiele ich mit Pfeil und Bogen.

Meine reiten Freundin hat ein eigenes Pferd.

Im Obstkorb liegen Äpfel und Pflaumen Kern.

Vom Himmel nass fallen Regentropfen.

2

Die Frau trägt ein Hemd mit roten Knöpfen.
Sie hält einen grünen Topf in den Händen.
Am Arm klebt ein kleines Pflaster.

3

☐ Der Gärtner pflegt den Pflaumenbaum.

☐ Der Gärtner sammelt Äpfel auf.

☐ Der Gärtner pflanzt einen Pfirsichbaum.

1

Projektwoche in der Schule

In der nächsten Woche ist Projektwoche.
Jonas würde sich am liebsten im Kochkurs anmelden.
Dort werden Pfannkuchen gemacht.

Emre findet Pferde toll. Er möchte alles
über Pferderassen und Pferdepflege lernen.

Senta liebt alle Tiere. Sie hat sich das Projekt
„Tiere auf vier Pfoten" ausgesucht.

Nur Matti kann sich nicht entscheiden.
Er möchte gern im Schwimmbad
das Seepferdchen machen.
Aber im Schulgarten könnte er lernen,
wie man Pflanzen pflegt.
Das wäre auch toll.

2

Welches Projekt hat sich Senta ausgesucht?

☐ Senta hat sich „Tiere auf vier Pfoten" ausgesucht.

☐ Senta hat sich „Pfeil und Bogen" ausgesucht.

3

Was möchte Emre lernen? Schreibe ins Heft.

4

Bei welchem Projekt würdest du
gern mitmachen? Warum?

_____
Unterschrift Partnerkind

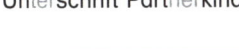

Qu qu

1

Ich spreche **kw** und schreibe **Qu** oder **qu**.

2

Die Qualle Quaki quasselt gern mit Kaulquappen. So ein Quatsch!

3

Qu   *Qu*

qu   *qu*

das Quadrat

quaken

4

165

Qu/qu motorisch erfassen, visuell diskriminieren und schreiben
Wörter mit Qu/qu schreiben

2 Sätze lesen und abschreiben   Fö 186, 193

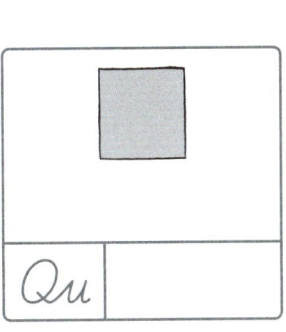   

Qu

 · der Quirl

 · die Quelle

 · das Quartett

 · der Quark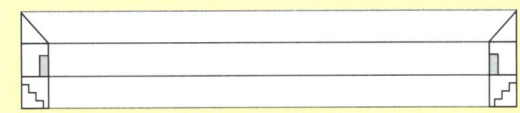

Quelle
↓
Welle

Quatsch   Quark

Qu/qu auditiv analysieren; Wörter mit Qu schreiben
Reimwörter bilden

Wörter schreiben   KV 101

Qu qu

1 **Ja oder nein?**

ja   nein

Leben Fische manchmal im Aquarium? ☐ ☐

Ist ein Quadrat immer rot? ☐ ☐

Kann man Quark essen? ☐ ☐

Ist eine Querflöte ein Instrument? ☐ ☐

Sind Quietscheenten quadratisch? ☐ ☐

Sind Kaulquappen junge Frösche? ☐ ☐

2

☐ Quentin quetscht den Schwamm aus.

☐ Quentin quatscht mit Levi.

☐ Quentin spielt auf der Querflöte.

☐ Im Aquarium schwimmt Quark.

☐ Im Aquarium ist Qualm.

☐ Im Aquarium sind Quallen.

168

Qu/qu lesen (Sätze) und schreiben

KV 102

1 Spielezeit

Die Kinder wollen Memo-Quiz spielen.
Leon mischt die Karten.
Dann legen alle die Karten
kreuz und quer auf den Tisch.
Nun müssen die Kinder Paare finden.

Leon dreht zwei Karten um.
Qualm und Quark passen nicht zusammen.
Anna hat zwei Mal die Qualle gefunden.
Super! Sie ist noch einmal dran.

Am Ende gewinnt Anna.
Sie hat die meisten Paare gefunden.
Nun wollen alle Quartett spielen.

2 Wie legen die Kinder die Karten auf den Tisch?

☐ Die Kinder legen die Karten nebeneinander auf den Tisch.

☐ Die Kinder legen die Karten kreuz und quer auf den Tisch.

☐ Die Kinder legen die Karten im Quadrat auf den Tisch.

3 Warum ist Anna die Gewinnerin?
Schreibe ins Heft.

4 Was spielst du gern? Warum?

_____
Unterschrift Partnerkind

1

Das **ß** zischt wie eine Schlange.

Grü**ß**e

hei**ß**

sü**ß**

wei**ß**

2

Wir spielen drau**ß**en Fu**ß**ball.
Das macht uns gro**ß**en Spa**ß**.

3

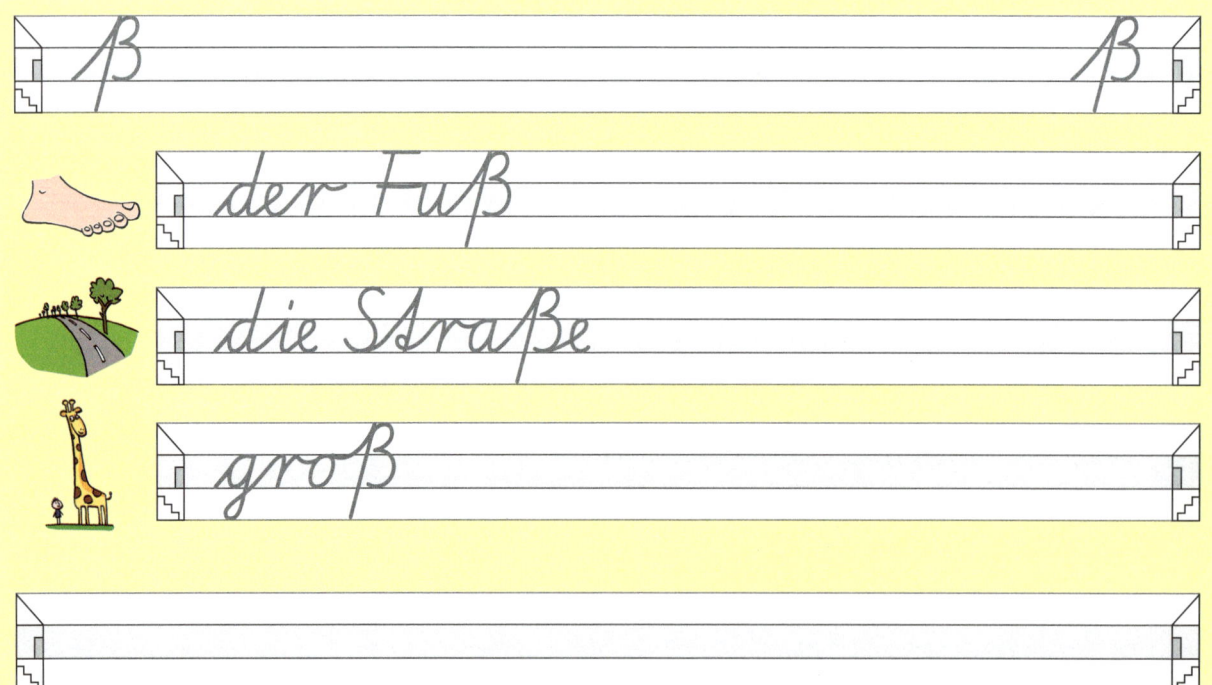

ß   ß

der Fuß

die Straße

groß

4

ß motorisch erfassen, visuell diskriminieren und schreiben
Wörter mit ß schreiben
2 Sätze lesen und abschreiben   Fö 187, 194

1

| grü |
| bei |
| gie |
| schie |
| flie |

Ben

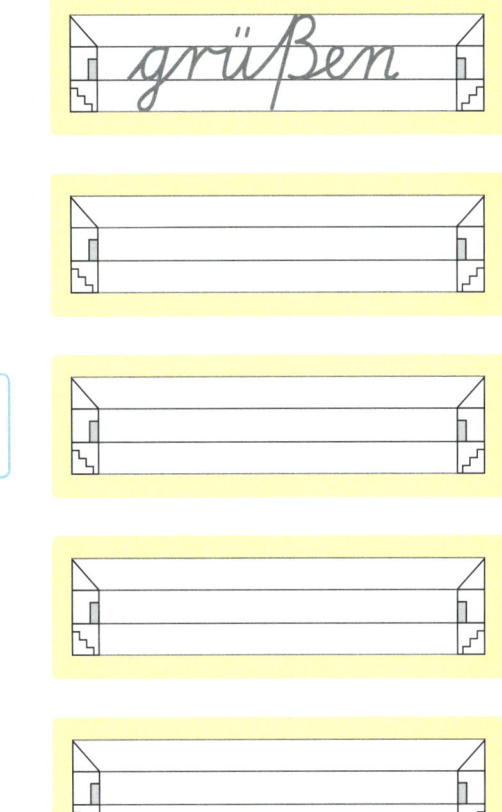

grüßen

2

Fußball macht vielen Kindern Spaß.

Wenn es schneit, ist die Straße weiß.

Lena soll Oma von Mama grüßen.

Mein großer Bruder heißt Ole.

C c

1

2 Luca und Caro lernen am Computer.
Clara liest lieber einen Comic.

3

$C c$ — $C c$

der Computer

der Cent

der Clown

4

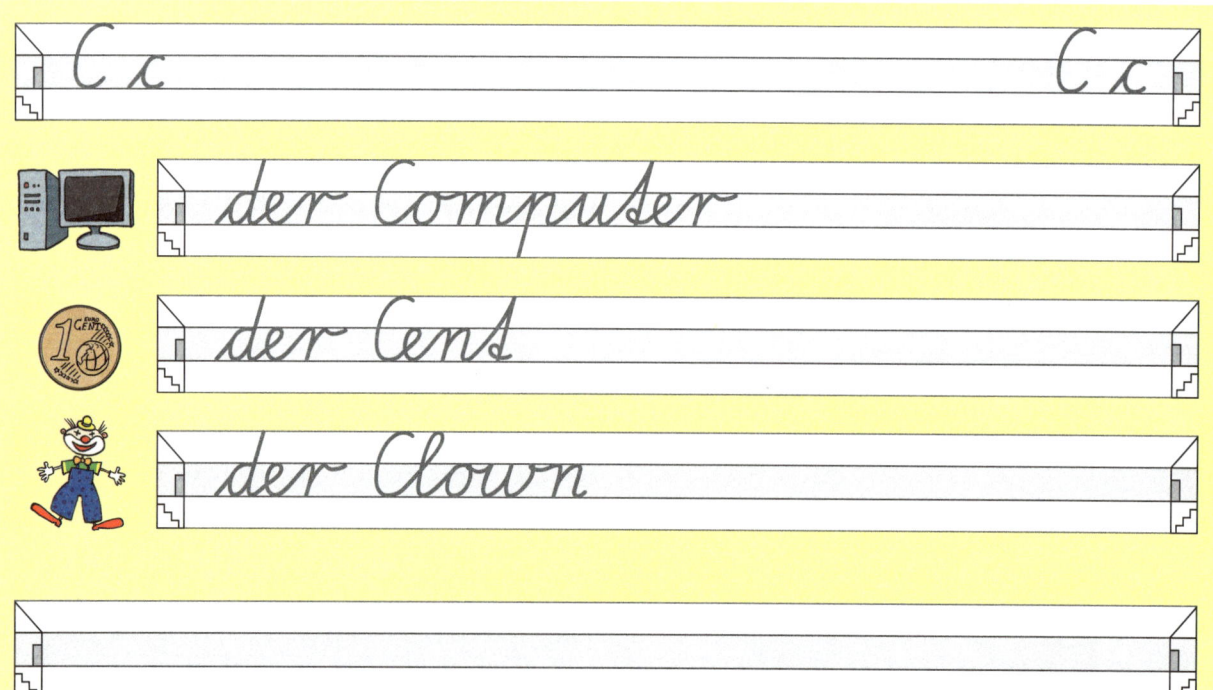

C/c motorisch erfassen, visuell diskriminieren und schreiben
Wörter mit C/c schreiben

54   171
Sätze lesen und abschreiben   Fö 188, 195

1

1 Cabrio

3 CD

2 Cent

4 Caro

Das **C c** hört sich immer anders an.

⭕ eine runde Scheibe, von der man Musik hören kann

⭕ ein Auto, bei dem man das Dach öffnen kann

⭕ ein Mädchenname

⭕ eine Geldmünze

2 **Computer**

Am Computer kannst du Texte schreiben
und mit Bildern gestalten.

Caro hat eine Geschichte geschrieben
und Nicolai hat eine coole Schrift ausgesucht.

Du kannst im Internet Informationen finden.
Luca hat zu Euro und Cent geforscht.

Am Computer kannst du auch Spiele spielen.
Cleo spielt am liebsten Actionspiele.

3 Was machst du gern am Computer?
Was weißt du über Computer?

_____
Unterschrift Partnerkind

𝒴 𝓎

1

2

Yvonne macht Yoga. Lydia hat ein Pony.
Was ist dein Hobby?

3

| 𝒴 | | 𝒴 |
| 𝓎 | | 𝓎 |

das Baby

der Zylinder

4

173

Y/y motorisch erfassen, visuell diskriminieren und schreiben
Wörter mit Y/y schreiben

 Sätze lesen und abschreiben

Fö 189‑191, 196

1

Yak,
Pyramide,
Teddy.

Y klingt am Anfang eines Wortes
oft wie j, in der Mitte wie ü,
am Ende wie i.

Yoga

Baby

Yeti

Pyjama

Handy

Olympia

Y wie in Yak 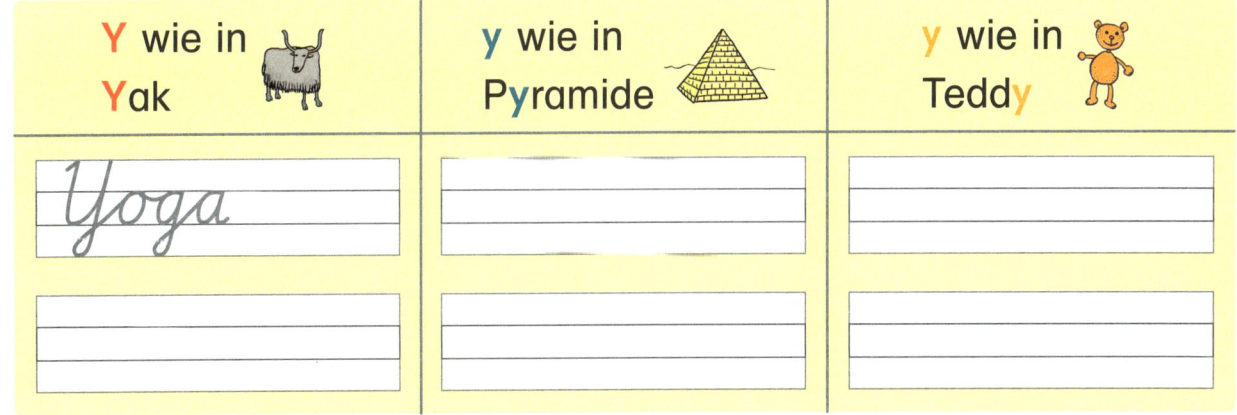	y wie in Pyramide	y wie in Teddy
Yoga		

2

Ein Wort mit verschiedenen Bedeutungen
nennt man auch Teekesselchen.
Welches Teekesselchen ist hier gemeint?
Es ist ein kleines Pferd. Es ist auch eine Frisur.

Y/y auditiv analysieren
Wörter mit unterschiedlicher lautlicher Realisierung des Y/y schreiben
Rätselfrage beantworten

KV 107-108
Fö 197-202
Fo 45-48

B9

174-175 **57**

1

2

Hexe Xixi liest im Hexenlexikon:
Pixi paxi Xylofon, sei sofort ein Saxofon!

3

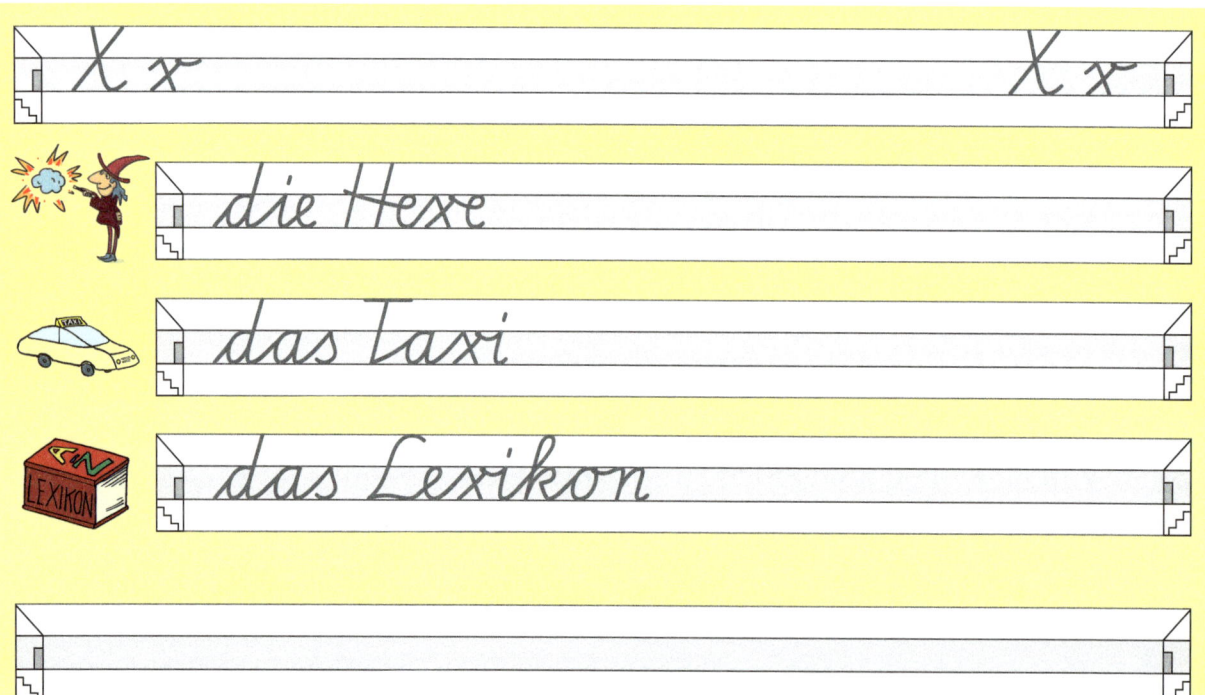

X x   X x

die Hexe

das Taxi

das Lexikon

4

1 **Aus einem Kinderlexikon**

Xylofon

Das Xylofon ist ein Schlaginstrument.
Es wird aus Holz gebaut.
Mit einem Schlägel
schlägt man auf Holzstäbe.
Das Xylofon wurde
in Asien erfunden.

2  Das Xylofon spielt man mit einem ...

☐ ... Schlüssel.

☐ ... Schlägel.

3 Wo wurde das Xylofon erfunden?
Schreibe ins Heft.

4 Sucht einen interessanten Text
in einem Lexikon oder im Internet.

Unterschrift Partnerkind

X/x, lesen (Text und Fragesätze)
Gemeinsam zu einem Thema recherchieren
KV 109-110
HR
177   **59**

ng

1

Junge

singen

eng

Ring

Schlange

2

Die Schlangen springen durch enge Ringe und kringeln sich um eine Stange.

3

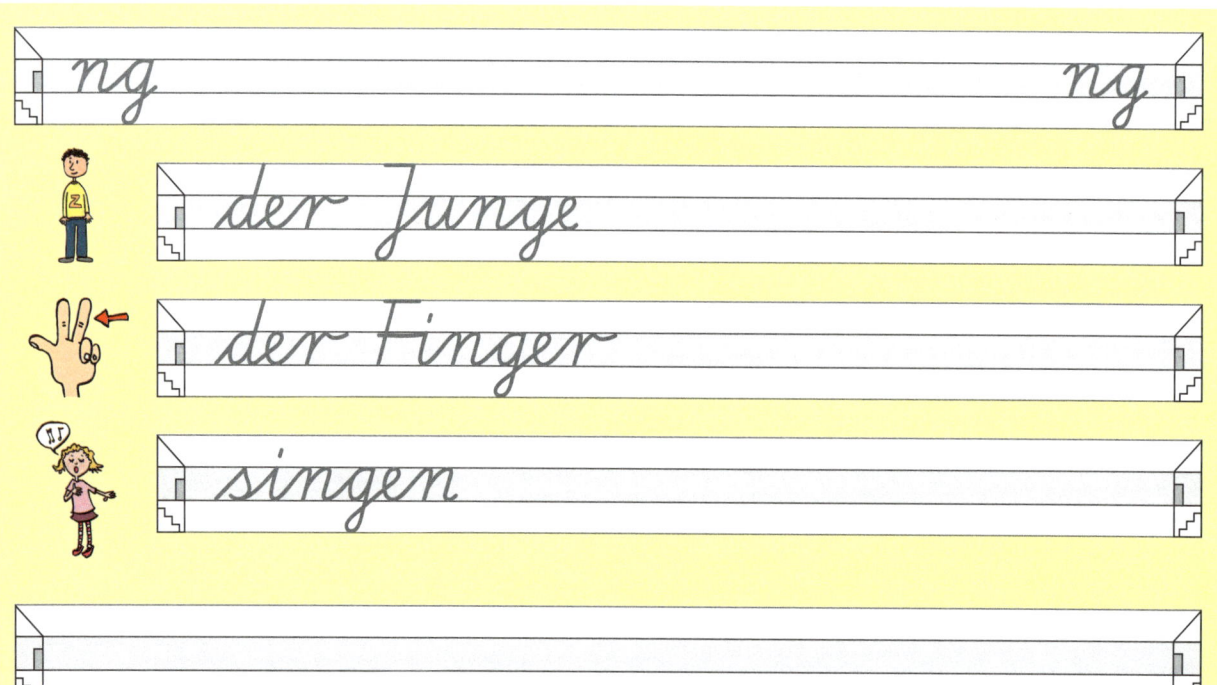

ng   ng

der Junge

der Finger

singen

4

ng motorisch erfassen, visuell diskriminieren und schreiben
Wörter mit ng schreiben

Satz lesen und abschreiben

1

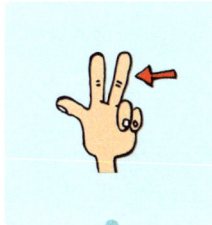    

| Junge | Finger | Klingel | Schlange | Engel |

2

Die Zwillinge

Erik und Inga sind Zwillinge.

Heute sind sie zusammen mit dem Rad unterwegs.

Sie singen und klingeln um die Wette.

Dann fällt Erik über einen großen Stein.

Er blutet am Finger.

Der Reifen ist auch kaputt.

Inga springt schnell vom Rad und rennt zu Erik.

Zusammen bringen sie die Räder nach Hause.

3

Erik und Inga sind ...

☐ ... Freunde.

☐ ... Zwillinge.

4

Erik fällt über einen großen Stein. Was passiert?

Schreibe ins Heft.

1

putzen

Witz

spitz

Platz

sitzen

2

Die Katze sitzt auf dem Sofa.
Sie putzt sich ihre Tatze.

3

Az   Az

der Satz

der Schatz

sitzen

4

tz motorisch erfassen, visuell diskriminieren und schreiben
Wörter mit tz schreiben

Sätze lesen und abschreiben

1

der
die
das

die Katze   platzen   *die* Glatze   anspitzen

schwitzen   *die* Spritze   *die* Pfütze   sitzen

die Katze

2

Die Katze hebt ihre Tatze.

Die Kinder schreiben Sätze.

Der Hund sitzt in der Pfütze.

Frau Watzmann macht Witze.

tz lesen (Wörter und Sätze) und schreiben

ck

1

Ecke

backen

Rücken

dreckig

Glück

2

Die dicke Schnecke kriecht über die Decke.
Im Rucksack findet sie Zucker. Lecker!

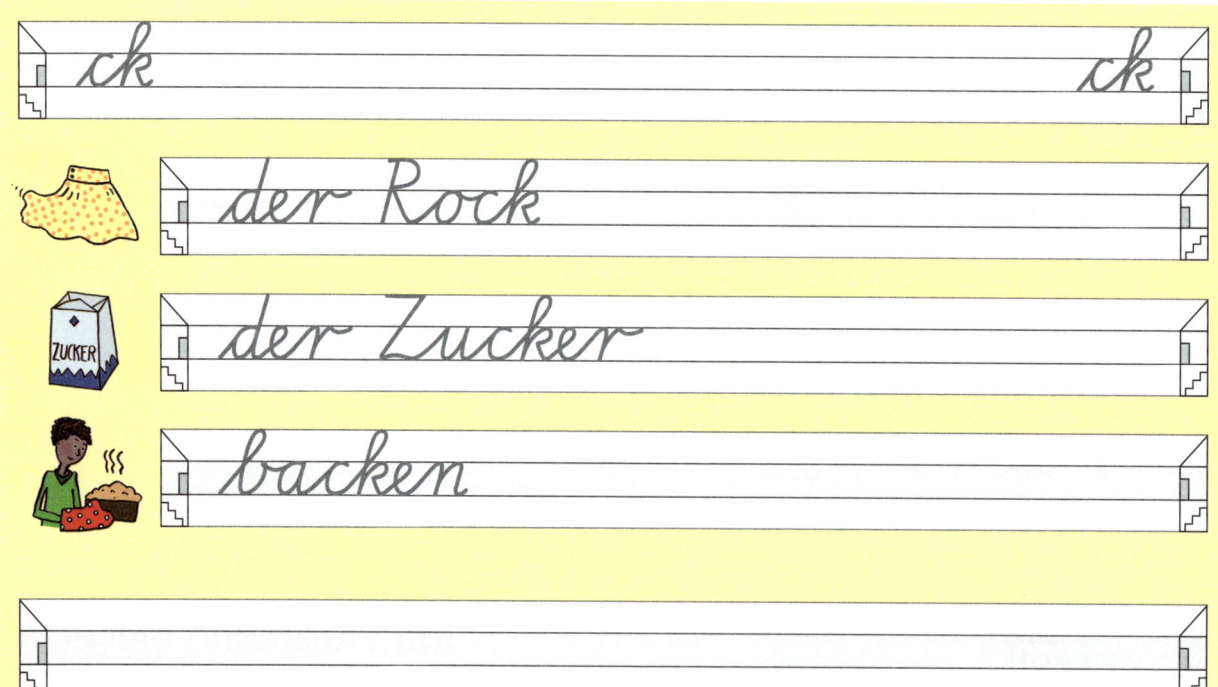

3

ck   ck

der Rock

der Zucker

backen

4

64   182

ck motorisch erfassen, visuell diskriminieren und schreiben
Wörter mit ck schreiben
2 ○○ ▦ Sätze lesen und abschreiben

der
die
das

1

die Jacke   pflücken   packen   *die* Brücke

backen   *der* Wecker   *die* Glocke   stricken

die Jacke

2

Die Schnecke schaut um die Ecke.

Opa strickt warme Socken.

Meine Mückenstiche jucken.

Moritz hat schöne Locken.

1

dunkel

Punkt

Onkel

krank

trinken

2 Onkel Frank ist krank. Er hat Husten und Schnupfen und muss viel trinken.

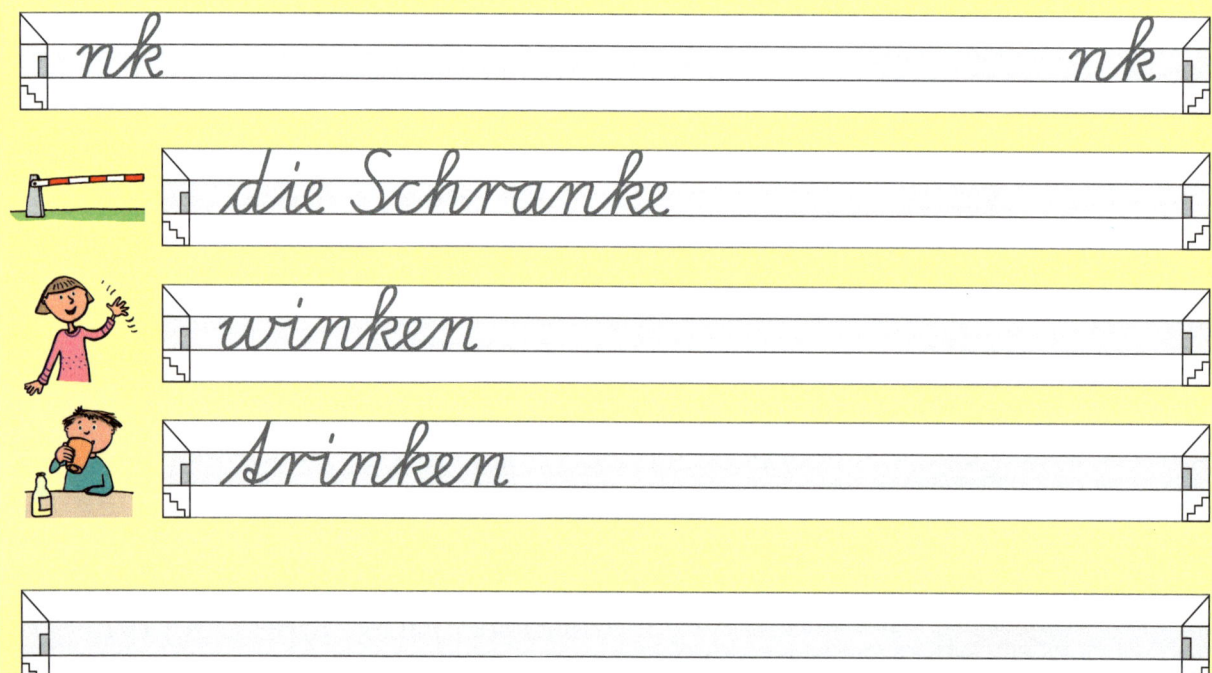

3

nk   nk

die Schranke

winken

trinken

4

1

    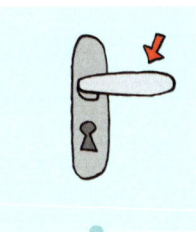

| Anker | Klinke | trinken | winken | schenken |

2

danke — teşkkür

spasibo — merci

 Frankreich

Deutschland

 Türkei

 Russland

3

Inka aus Deutschland sagt _____.

Kaya aus der Türkei sagt _____.

Sascha aus Russland sagt _____.

Marie aus Frankreich sagt _____.

Wie sagst du danke?

nk lesen (Wörter und Sätze) und schreiben
Wörter anderer Sprachen lesen und schreiben

KV 117-120
Fö 208-209
Fo 51-53

185   **67**

B10

Das kann ich jetzt

🖉 Mein schönster Buchstabe:

🖉 Meine schönsten Wörter:

🖉 Diese schwierigen Wörter kann ich schreiben:

Meine schönsten Sätze:

Floras Grundwortschatz

Wörter mit

G g

der Berg
die Burg
die Gabel
der Garten
   gelb
das Geld
die Giraffe
   geben
   gehen
der Igel
   legen
der Regen
   sagen
das Segel
   tragen

Wörter mit

Z z

   ganz
   schwarz
das Zimmer
der Zoo
   zu
   zum
   zusammen
   zwei

Wörter mit

Eu eu

die Eule
der Euro
die Freude
der Freund
   heute
die Leute
   neu
   neun

Wörter mit

ch

   acht
   auch
der Bauch
das Buch
   doch
   ich
   kochen
der Kuchen
   lachen
das Licht
   machen
die Milch
   nach
die Nacht
   nicht
   noch
   suchen
die Woche

Wörter mit

ie

die Biene
der Brief
der Dieb
   die
   fliegen
   lieber
   sie
   sieben
   wieder
die Wiese
die Ziege
die Zwiebel

Wörter mit

Sp sp

   spazieren
   spielen
die Spinne
der Sport
   sprechen

Wörter mit

St st

der Stein
   stehen
der Stern
der Stift
   still

Wörter mit

J j

   ja
der Januar
   jeder
der Juli
der Juni

Wörter mit

V v

der November
der Vampir
die Vase
der Vater
   viele
   vier
der Vogel
   von

Wörter mit

Ö ö

die Flöte
   hören
die Königin
   können
der Körper
   schön

Wörter mit

Ü ü

	blühen
die	Blüte
der	Flügel
	fünf
das	Gemüse
	grün
	müde
	müssen
	üben

Wörter mit

Ä ä

die	Äste
die	Bälle
die	Hände
der	Käfer
der	Käse
das	Mädchen
der	März

Wörter mit

äu

die	Bäume
die	Häuser
die	Mäuse

Wörter mit

Pf pf

der	Apfel
der	Kopf
das	Pferd
die	Pflanze
die	Pflaume
	pflegen

Wörter mit

Qu qu

das	Quadrat
	quaken
der	Quark
der	Quatsch

Wörter mit

ß

	fließen
der	Fuß
	groß
	heiß
	weiß

Wörter mit

C c

der	Cent
der	Clown
der	Computer

Wörter mit

Y y

das	Baby
das	Pony
der	Teddy

Wörter mit

X x

| die | Hexe |
| das | Lexikon |

Wörter mit

ng

	bringen
	eng
der	Junge
der	Finger
der	Ring
die	Schlange
	singen
	springen

Wörter mit

tz

die	Katze
	putzen
der	Satz
der	Schatz
	sitzen

Wörter mit

ck

	backen
	lecker
	packen
der	Rock
der	Rücken
der	Zucker

Wörter mit

nk

die	Bank
	danke
	denken
	dunkel
	krank
der	Onkel
	schenken
	trinken

Abbildungen

|Broska, Elke, Wiesbaden: 26.1. |Fischer-Bick, Angela, Bremen: 24.1. |Klexikon © Ziko van Dijk, Berlin: CC BY-SA 4.0 34.3. |Loewe Verlag GmbH, Bindlach: Der Mondscheindrache von Cornelia Funke 19.1. |Picture-Alliance GmbH, Frankfurt a.M.: akg images 59.1. |Rowohlt Verlag GmbH, Hamburg: 34.2. |Schmidt Spiele GmbH, Berlin: 34.1. |Tulipan Verlag GmbH, München: Prinzessin Fibi und der Drache (ISBN 978-3-939944-29-4) ©Tulipan Verlag GmbH München, 2009 19.2.

Druck A[1] / Jahr 2024
Alle Drucke der Serie A sind im Unterricht parallel verwendbar.

Redaktion: Cora Lange, Katrin Teschner, Anna-Lena Knobloch
Illustrationen: Anke am Berg, Bernau bei Berlin; Antje Hagemann, Berlin; Karoline Kehr, Hamburg; Visuelle Lebensfreude, Hannover; Illustration Lautgebärden: Gisela Fuhrmann, Hannover; Illustration Antolin-Rabe: Iris Blanck, Hamburg
Buchstabenfotos: kyas photography, Hannover
Umschlaggestaltung: Jennifer Kirchhof, Braunschweig, unter Verwendung eines Schriftzugs von Gingco, Braunschweig, und einer Illustration von Karoline Kehr, Hamburg
Layout: Visuelle Lebensfreude, Hannover
Druck und Bindung: Westermann Druck GmbH, Georg-Westermann-Allee 66, 38104 Braunschweig

ISBN 978-3-14-127125-6